AF599825

GRAFFITI

POESÍA

HUERGA & FIERRO EDITORES

HUERGA Y FIERRO EDITORES, S. L. U.
C/ SEBASTIÁN HERRERA, 9
28012 MADRID (ESPAÑA)
TELÉFONO: 91 467 63 61
E. MAIL: huerga@huergayfierro.com
WEB: www.huergayfierro.com

PRIMERA EDICIÓN
2024

DISEÑO DE ÁNGEL LUIS VIGARAY

REPRESENTADA POR LA AGENCIA LITERARIA DOS PASSOS

DEPÓSITO LEGAL: M-12311-2024 — I. S. B. N: 978-84-128698-3-5
IMPRESO EN ROMADAC Industria del Libro.
IMPRESO EN ESPAÑA

LOS RESTOS DE UN POETA ROTO

Ana Lucas

LOS RESTOS DE UN POETA ROTO

ANA LUCAS

Prólogo
Miguel Munárriz

GRAFFITI

HUERGA & FIERRO EDITORES

PRÓLOGO

LA RESPUESTA ESTÁ EN LOS SUEÑOS

He aquí una auténtica poeta, una poeta que vierte en sus poemas su vida, la vivida, la leída, la intuida, la imaginada, la soñada y la dolorida. Y la cuenta con versos calibrados, sonoros y rítmicos, ofreciendo al lector un cúmulo de sabiduría como solo pueden darnos los auténticos poetas, aquellos que han pasado por nuestras vidas dejándonos arder en el calor de sus pasiones.

Ana Lucas es una joven poeta auténtica, y lo es porque la belleza de sus composiciones está construida con una mirada limpia, sin prejuicios y sin dogmas excluyentes, porque Ana Lucas cuenta las múltiples vidas que solo saben vivir los poetas cercados por el ritmo cadencioso de la tradición y por el vértigo de las metáforas, que en sus poemas nos llegan nuevas, como recién creadas; son "Alas de un colibrí en llamas", como dice en el poema "Arte", en el que en otro verso revela, como si el lector necesitara que lo afirmara: "Amo la imaginación".

Ana Lucas publicó su primer libro de poemas y lo tituló Oasis, *y de él dijo que representaba "lo que hasta hace poco ha sido mi cara oculta. No por lo que cuenta, sino por la forma de exponerlo". Claro, eso es, la poeta tenía que decírnoslo: "por la forma de exponerlo", porque escriba de lo que escriba, no importa tanto si aventura una destrucción o un hallazgo, su forma de trasmitirlo es la que nos alivia o nos duele, y ese es el trato que urde la poeta con el lector.*

Tres son las partes en las que se divide este poemario: Insania, es decir, locura, enajenación o privación del juicio. "Vehemencia", o pasión, ardor, fogosidad; y la tercera, "Revelación", con la que nos podría desvelar una verdad hasta entonces secreta, o incluso podría hacernos una confidencia. Pero la poeta, machadiamente, nos lo advierte en su primer poema, "Lo ilógico": Juro solemnemente/que yo siempre digo verdades/ —aunque en ocasiones, confieso, me las invente—.

Su poética podría intuirse en los versos del poema de Poe, que Ana Lucas ha recogido al principio, como quien deja caer una señal prendida de una cinta de seda, que traduzco así: "¿Es cuanto vemos o creemos ver/tan sólo un sueño dentro de un sueño? La respuesta, que Dylan nos hizo creer que estaba en el viento, en el poema "La visión" Ana Lucas la escribe categórica: "Una última afirmación: En los sueños está la respuesta".

MIGUEL MUNÁRRIZ

A Lucrecia y Juan Ramón.
A Conchi y Licer.

A sus hijos.

LOS RESTOS DE UN POETA ROTO

All that we see or seem
Is but a dream within a dream
EDGAR ALLAN POE

PRIMERA PARTE: INSANIA

LO ILÓGICO

Imaginen por un momento
que el relator de estos versos
fuese, ni más ni menos,
que una mente enajenada.
Pondríamos en entredicho
la veracidad de una historia
bajo esta premisa narrada.
Mas no cuestionaría
que el mármol
o la madera tallada
sea otro material distinto;
que el lodazal o la hondonada
fueran, en su lugar,
castillos de piedra adornada
con laberintos de hiedra
a lo largo de la fachada.
¿Por qué, entonces,
sabiendo que el loco no miente,
han de ser tomadas por fantasías
las disertaciones que, en su mente,
no suenan a fábula ni a alegoría?
Por querer nadar en el lago
donde el rebaño bebe
¿deja un borrego de ser tal cosa
a los ojos de la gente?
Juro solemnemente
que yo siempre digo verdades
—aunque en ocasiones, confieso,
me las invente. —

LA VISIÓN

Preciso un descanso urgente,
tumbarme en un lecho
improvisado,
dejar caer los párpados,
(¡qué órganos tan pesados!)
Que comience el reposo
con un sonoro portazo.
El sueño, la belleza,
no hay otros aliados.
Que si miento, que si mato,
que en un viaje me he embarcado,
que sostengo un cachorro
entre mis débiles brazos.
Que si aquellos son padres,
que dos iglesias arden,
que mi voz ya no sirve
y no hay un dios que me calle.
Aquí niego la verdad
y la injusticia,
niego la causa,
la consecuencia,
la decisión.
Una última afirmación:
En los sueños está la respuesta.

LA MALDICIÓN

La ocupación del individuo
qué podría ser
sino un soplo
de realidad ficticia.
¿Debo suponer que lo que vivo
no es cierto?
Si acaso somos invenciones
de alguna mente mayor
en otro lugar del cosmos,
¿Quién nos avisaría?
¿Qué es ese arrebato que,
por momentos,
me hace perder el sentido
y despierta la conciencia
de lo insignificante y lo absurdo
de mi sola existencia?
No por amar en exceso la vida
debe uno olvidar:
no somos nada.
En este mundo se atenta
día tras día, día tras día,
contra la razón humana.
Me encuentro cediendo el paso
a otros que hablan por mí,
otros que fueron, mas ya no son,
que a pesar de ello retozan
en la inmortalidad del sol.
¿Son mis anhelos razonables?
¿Y la vida sin aliento un precio ecuánime?

Si la locura me impidiese guardar un secreto
acabaría por revelar que una pluma maldita
escribe con mi sangre
como en los cuentos de magos.
Concédeme un deseo e invitaré a un trago
al poeta atormentado para que sepa que,
con un solo garabato,
reconozco al insecto dorado.

LOS RESTOS

He vuelto, Madrid.
El corazón apremia,
pero no acompaña.
De remolcarlo desnudo
por la carretera
queda su rastro
quedan sus restos.
Lo que llegó a casa
no cabía en sí de gozo,
de viveza, de esplendor.
Más tarde vio la sangre que perdió.
No solo fue el asfalto,
traía espinas al partir;
colmillos negros de un asalto;
cien astillas de barril.
"¿Cómo?" se preguntaba.
"Si soy rey de la fortuna
en esta casa que me guarda.
¿Cómo freno esta ponzoña?
¿Cómo salto esta alambrada?
¿También oyes la campana?
Tintinea suspendida
sobre mi cabeza, la villana."

No es tristeza.
Es la nada.
Es querer reducirse a la nada,
que el tiempo pase sin mirarte,
que atraviese con garras, da igual.

No lo siento.
Pero no dejo de sentir.
Amor, dolor, rabia.
Una gota de cada.
Después no importa.
Después la nada.
Nada que hacer con la nada.

LOS CANDILES

La camada se acostumbró
a los timbales lejanos,
a cubiertos oxidados,
a la derrota que quebró
esa jungla sentimental;
a respirar bajo tierra
a la sombra de los focos.
Siendo mis venas de vino
camuflaré esta otra herida
con preguntas borrascosas
aunque hubiera agradecido
un cabo que por la borda
hubiera asomado tímido
para comprender que quizá
no eres tú.
Es la voz en tu cabeza
que te amenaza de muerte,
que se alimenta de ninfas
y yo el plato principal
de su despiadada fiesta.

Este pez no cicatriza,
se deforman sus escamas
y teme que miren dentro,
por si al abrir la boca,
salen entre burbujas
los restos encallados.

Ese pez era yo,
que llegado el ocaso dudaba:
mis aletas entumecidas
no darían más de sí.
Me fundiría en este caldero
de agua que borbotea y me abrasa.

De pronto vi los matices
que hay entre el todo y la nada,
entre una careta de tul
y una ferretería,
entre el lomo de un libro
y los dientes del pescador.

Tonos lila alborozan tu pelo
con prisa nos dejan al margen;
ningún farol se refleja
sólo intuyo en la oscuridad
el salmo de las olas
que vienen
y van;
vienen
y van.

LOS GIGANTES

Alfombra de helechos
que salvajes me aíslan
de las vistas costeñas
sin otro motivo
que prensar el dolor,
la pena inquisitiva.
No hay fórmula que resuelva
ni fuerza que cierre el canal
de sollozos incesantes.
Constante espera y dependencia,
amazona amarrada a la silla
de un caballo bravo, enloquecido.
Este suele revolcarse
sin piedad sobre su espalda;
Yo, su caparazón.
Nadie me desata.

Pongo fin a estos versos malditos.
Cómo podría describir
la autoestima miserable
sin esos gigantes verdes
que se elevan ante mí;
el edén secreto,
laberíntico,
espléndido.
—Si solamente sus hijos
se empapasen de esta esencia—

EL TEMPORAL

¡Ayuda!
¡Ayuda!
Ayuda,
que estoy vagando entre tinieblas
y no quiero obligarte
a dormir en esta celda;
solo sentir tu respiración
—cada vez que exhalas aire
se eleva mi rota cometa; —
tu calor
hasta el aroma a licor
todo tú eres titiritero.
Sólo escucho tu nombre.
Siento la furia del trueno
y los ojos que se cierran
de placer en su ausencia.

Arranca el temporal los cultivos
y la dulce melodía del bambú
se alza y suplica
por un viento de sur.
Aún tengo algún miedo
amordazado en el desván,
por inundarlo toda esta pasión
sin saber siquiera
si me podrás rescatar.

LA MADRIGUERA

La roca más fría del invierno
dio frutos que, aún tiernos,
enriquecen mi corona.
De su jugo ando bebiendo,
es miel de castaño en mi boca.
Exprimo extasiada
esa faz de primavera.
Cavo hoyos en el campo
y me invento un hogar
para la hora de su vuelta.
Aquí está mi madriguera,
este lugar no esconde al oso
que manso en la cueva hiberna.
Aquí convivo con lo extraño,
desarmada,
y esta lumbre inapagable
a la que acudo buscando
una respiración acompasada
una chispa que me ayude
a desasir esta o aquella soga,
una vela nueva para desear que
—esta vez—
sobrevivan intactas mis rosas.

SEGUNDA PARTE: VEHEMENCIA

EL CALOR

El miedo pasó de largo.
Salí de entre los juncos
donde me camuflaba.
Me alejé del desperdicio.
Todo lo concebible
—y lo que no lo es—
chapoteaba en el lodo
que intentaba tragarme
lentamente,
entre burbujas,
lentamente.
Por eso, aun sabiendo nadar,
Me pellizcan tus silencios,
—glaciales,
hirientes—,
me consternan tus normas,
no despego la dialéctica
de la sumisión.
Deseo cercano, inmediato,
entre sonrisa y suspiro,
y de no ser así me aferro
al recuerdo de lo íntimo.
Un reo sin condena,
ansioso en el corredor.
De respirar en tus mejillas
me ha nacido en la espesura
un imperio de aves silvestres
que inagotables vuelan
en círculos perfectos
alrededor de tu calor.

EL ALCÁZAR

No cesa el combate.
Abren incisiones
entre los dedos,
en los pómulos,
o a lo largo del brazo
—contiguo al calabozo
que guarda el corazón—;
chirrían las bisagras,
retumban las argollas.
Tu rostro esculpido en mármol,
el mío pintado a acuarela.

Acostumbro a imaginar
tu improbable rendición
y se disuelve el barniz,
se me agrieta el paladar;
sin ti abrazo una viga
desde el cuello quebrado.

Ya me enfrenté al mirlo
en Tirso de Molina,
que al cantar con derrotismo aseguraba:
"no es posible arrancarse los colores
y regalarle una lámpara mágica."
Mi lengua cantaba de vuelta:
"Qué sabrás tú
posado en un seco riachuelo
de la corriente que me rodea.
Le construiré un alcázar
trenzando briznas de hierba."

La primera luna de playa
debió infundirte paciencia,
junto con la evidencia
de que no cometiste un error.
Ay, aquel recuerdo,
entre cráteres resbala,
se desploma sobre el mar,
por accidente lo besa.
Las olas áridas ahora bañadas
por una corteza de cristal
acunan peces de espejos.
De su brillo nací yo.
Por cada escama de vidrio
habrá un latir entre mis árboles,
un suspiro en mis orillas,
una gota que baje por mi barbilla,
y rompa el suelo gritando tu nombre.

EL OLOR

Entre corolas caídas
un fino tallo desnudo.
Parece intuir una especie de olor,
un olor lento;
le recuerda a una polilla
o un colibrí.
Se espanta ante esa imagen,
deshecha,
por si encontrara una última espora
y no quisiera volver a florecer.
El brotecito se estira con disimulo
buscando cobijo bajo el abedul.
"No, agua no" piensa,
"o creceré como hiedra."
"Sí, agua sí" dice,
"ansioso espero la primavera".

LOS PÉTALOS

Un paseo por el bosque
de cerezos y criptas.
Vibran siluetas de abejas
en su órbita elíptica;
silban mensajes secretos,
jeroglíficos auditivos.
Con las nubes desinfladas,
agorafobia,
inconsciencia,
yo camino al llorar;
lloro al caminar.

Estiro sin descanso la memoria
desmenuzando tu recuerdo;
pequeñas dosis en un parpadeo.
Eres madera de roble,
espuma de mar y cerveza,
el discurso de la esfinge
que murió sin resolver
su propio acertijo.
Yo te voy descifrando sin prisa;
caracol entre hojas inmensas.
Me alimento de los pétalos
que indeciso dejas caer
tras de ti
como pista.

LA METAMORFOSIS

Se posa la niebla sobre mi razón
y con el pecho astillado
me abro paso a martillazos.
Veo la sombra de una sombra
afilando su lanza.
Una bandada de buitres
ha despegado de tu nuez,
acechando la carroña
que servimos para cenar.
Siento el veneno de un alacrán;
oigo el filo de la guadaña
y el pánico agarra el timón.

Mas cada día abro los ojos
y te encuentro nadando en ellos.
Te planté en una maceta
y te riego cada noche
y te rezo cada noche
sin profesar nada más
que el ansiado reencuentro.

La metamorfosis del amor
que solo un día despierta
convertido en insecto;
el resto es un copo de nieve,
por tanto, hiélame la vida
que la traigo encabritada,
que antes de ti era un lago
y ahora el torrente me arrastra
desembocando en tu aroma,
en tus malas maneras
y en lo hermoso de tu nobleza.

EL PAPEL

Corre, corre, reloj,
condensando las horas
que descanso a tu lado
en diminutas,
quebradizas
gotas de escarcha;
se deslizan por las líneas de la mano,
desaparecen,
y adivinan más cada mañana.

No soy ya un perro apaleado,
pero te alejas y tumbas
el paredón que me equilibra.
Aplastada hablo sobre papel
en idiomas que desconozco,
responden animales extraviados
con la angustia de ver un pueblo
que no cubre este tierno manto;
es de piedra vieja y sabia.
cemento fresco por la calzada
está atrapando mis pies
y así, inmóvil,
libera un cocodrilo
durante años hambriento.
Lo que no saben de la bestia
es su pavor a lo imposible,
agonizará al saber,
contra todo pronóstico,
que este amor es cierto.

LA SÚPLICA

No es máscara esta cara mía;
es una casa abandonada
que visitan las palomas.
Trenzo la crin de una yegua
que cocea la cerca
y me sorprende el llanto
de una desafinada tecla.
No eres tú el pianista
y no comprendes mi súplica.
cubres tus oídos que palpitan
arrítmicos,
sordos.
Agarrarte es soltar lastre,
¿te das cuenta?
Deambulo entre el oro que me regalas
sin comprender tanta riqueza.
Teja a teja frenaré el aguacero,
lo juro por el baño rosado
que cierra la tarde.

EL POZO

Si amanezco equilibrista
me balanceo en la cuerda
que até firme a tu cabello.
Huyo antes de la descarga,
antes de la tormenta.
Si esta me alcanza,
me ciega y
me caigo,
y la lluvia llena
de agua salada
el pozo que hay
entre mis escápulas

El agua sube y me ahoga.
Le tengo pavor al fondo,
de un resbalón al trepar
por sus húmedas piedras.

De pronto un pacto de miel,
de corteza de limón,
de pastel de zanahoria,
lo seca de arriba abajo.

Algo o alguien me sube
a la superficie
muy poco a poco.
Me quita la ropa mojada
y me hace una camisa
con fina tela de plata.

Amor que yo temía
por sentirme encarcelada
por si acaso te marchabas
o lo hacía esta prisa por beberte,
por limpiar el aire que sobraba.

Me deslicé hacia la brecha,
sentí tu pulso en mis muñecas
y el horizonte plagado
de veleros exhaustos,
gaviotas desamparadas.

Fue junto a aquella ría
sin saberlo soleada
me vi envuelta en la negrura
y he de respetar los presagios:
al besarte despuntó
la siempre oportuna aurora.

LOS ELEMENTOS

El agua lleva un tintineo
violeta suave en sus mil pecas,
el brío del reino animal,
—la paciencia de alimentar
a sus diminutas crías—,
y amenaza un dolor inminente
que valiente mantiene a raya,
y trae los pies descalzos
por legarme sus zapatos.
Sirena que abre los mares
o el tráfico;
un coraje que enmudece,
girasol en la sonrisa,
un destello de cielo
en el andar apresurado
y una capa que es amparo.

El aire sopla y seca
mi mirar empañado,
entre el bullicio incesante
su alegre martilleo:
un cúmulo de carcajadas.
Reinventa sus disfraces;
a ratos un huracán,
a ratos brisa de campo.
Un tropel de golondrinas emigrando
en la más deslumbrante formación.
Me envuelve en una toga de vapor
conservando intactos mis cristales.
Despega con su ala azul, sólo una;
la segunda a mi espalda la cosió.

LA CALIMA

Sobre una cama de papiro
el reflejo de tus palabras
en la calima distingo,
novelando historias al aire
para mi embriagado oído.
Más allá, las risotadas
patinando en toboganes,
espejismo de un acuario
plagado de tonos vivos
y seres mágicos, inmortales.

Entre poesía de arrabales
se distinguen tus vítores
con un halo emotivo
al comprender el arte.
Palacios de algún emir que,
atrapado en los mosaicos,
envidia nuestro templo
de pizarra brillante.

Finalmente me empapé
de dulce polvo de estrella,
de arena blanca,
del batir de unas alas,
y seré todo esto
hasta que el petirrojo
sobre alguna ramita
se yerga orgulloso
y sin pena repita:
“ya es hora de ser dichoso”.

TERCERA PARTE: REVELACIÓN

EL ALAMBRE

Abrió la puerta de par en par
dejando que entre y salga un torbellino
como le venga en gana,
llenando de corrientes este cuerpo
a veces tan pequeño,
tan vacío y tan débil;
a veces tan malherido,
rodeado de alambre de un espino
que provoca la fuga
de su fuerza y su discurso.

Tu voz grave y la marea
Hacen de las cadenas polvo,
soplándolo lejos
y ligera floto sobre la costa
como serpiente hipnotizada.
Hasta que pierda la vista
he de contemplarte a la luz del Cantábrico,
declamando versos como enredaderas
que revisten con delicadeza
mis caderas,
mis muñecas;
alzándolas para su resurrección.
Que me brillan las mejillas
que me he volcado entera
y soy sangre y llamas,
y esta sencillez ridícula
a mí me dilata el pecho.

LA TREGUA

Abordaje entre siluetas
entonando cobrizos cánticos
como alaridos discretos
o un golpe seco,
una tregua rota o retorcida,
un cuerpo gigante con un solo pulmón.
Su mano izquierda, en cambio,
recuesta mi cabeza en su torso
y ronronea al alba.
Me acaricia con su pluma
que por un lado me ama
y por el otro escribe
relatos cortos sobre una daga,
un tejado,
una puerta,
una diana;
aquello que transformé
sin intención de abandono.

LOS DEMONIOS

He aquí mi manifiesto en contra
de tus islas desiertas.
¡Cómo engaña a primera vista!
No es grava lo que abunda,
yo he visto la flora espesa
que provocó la muerte del suelo árido.
Cuántas balsas construidas en la tarde
impasible ante la risa de esa hiena
con aliento de muerte y ceniza
que hacía tiritar mis ojeras.
Me las arrojaste todas y
dejé de beber vino amargo,
dejé de ser fruta deshidratada
porque de no agarrarme a ninguna
te lanzarías al océano
aunque te lleven los demonios de lo incierto
y su fondo tenebroso.
Ahora lo sé, no eres escarcha,
tienes el guiño mágico
de quien vela por su amante
acallando la torpeza
de una expresividad muda.
He olvidado el recelo de pensar
que eligiendo me mancho de renuncia.
Hay más caras y más cuerpos
y almas gemelas,
pero ni un atisbo de incertidumbre.

EL PULSO

"¡Cómo interpreto la poesía!"
exclamaste.
Entonces, ¿qué te dice la mía?
Que es un pulso temblando,
gravedad hacia tu cuerpo,
un secreto alcoholizado
que no recuerda haber salido
del estrecho cercado
de tu caminar
que a ratos pausa
y a ratos,
a arrebatos,
me lleva en volandas.
El resto del camino me arrastro,
me enredo,
me ensucio la cara,
me abraso los codos con el hormigón.
En esta pesadilla olvidé cómo escapar.

EL DESCUBRIMIENTO

Un día hallé un mapa viejo
y me condujo a la escucha
de todas las estaciones.
La comprensión humana
solo entonces alcanzó
límites incomprensibles.
El terror me bautizó: "compañera";
filosofamos sobre algún devenir.
Acabamos sumidos
en el descubrimiento
de cosmos insólitos,
planetas habitables
y algún elemento químico
que aún está por inventar,
que amasa y desmolda
las formas esféricas
que me conforman.

Tras una cortina de claveles
asoma la nítida letra trazada con prisa
por si olvidara la ropa de aquellos ancianos,
el pañuelo o el broche,
el gesto invisible que conmueve al espectador.
Una fórmula que desafíe a la física,
un barril vacío, robado;
un buey tirado por un carro,
un as de copas tirado en la acera,
pellizcos de un frenesí que sigue a otro,

y otro
y otro
y oteando a ciegas logré atracar
en un misterioso embarcadero.
Si queréis saber más, recoged mi diario ilustrado
cuando el lenguaje no baste.

EL ENJAMBRE

Fue un ciervo.
Descubrió un lugar
cubierto de maleza
al final del sendero.
Un cuadro de figuras ascendiendo
hasta desvanecerse,
elevadas por la fuerza de un imán;
bichos de todo tipo
contra su propia voluntad
izándose (sin vida)
en una plaga paranormal.
Retrato de la repulsión,
un conjunto de piezas inmundas
desencajadas
descoloridas.
No había cristal de por medio
que protegiera el pelaje
de sus fieras mordeduras
si acaso ese enjambre diabólico
atacase a su espectador.
Era una ciénaga perdida
con huesos que flotan en el barro
que fueron vísceras,
un corazón que resoplaba,
saliva de perro hambriento,
pata de ave rapaz,
libreta mojada.
Ciénaga.
Una ciénaga.

Un ciervo encontró los restos de un poeta roto.

AGRADECIMIENTOS

Para señalar a los culpables de que este poemario haya visto la luz, necesitaría mucha paciencia y un número casi infinito de páginas. Al no disponer de ninguna de las dos cosas, sólo delataré a unos pocos:

Los primeros son Miguel Munárriz y Palmira Márquez, que creen en mí más que yo misma. Es gracias a su impulso y su calor que estos poemas no morirán en cualquier libreta perdida. Agradezco también a la pequeña aunque férrea red de amistades y familiares que amortigua mis múltiples caídas, en especial a Adrián, cuya mera existencia resulta inspiradora. Y, por supuesto, gracias a mi madre, por su profunda sensibilidad y su fortaleza arrolladora.

Lo que escribimos no nos pertenece. La vida nos empuja de un sendero a otro, haciéndonos tropezar con seres que nos sanan, nos instruyen, nos quiebran, nos sostienen, nos desarman y, de una manera u otra, nos moldean. A todas las personas con las que he tropezado: gracias.

ÍNDICE

Esta obra
se acabó de imprimir
con los auspicios de
Charo Fierro y
Antonio J. Huerga, editores

FINIS CORONAT OPUS